AF297100

4269

LA

BIBLIOTHÈQUE DES ÉLECTEURS

NOTES DÉTACHÉES

2323

2242   Paris. — Typ. Morris père et fils, rue Amelot, 64.

LA
BIBLIOTHÈQUE
DES ÉLECTEURS

(Notes détachées)

(Le progrès pacifique.—Les variations du pacte social.—Politique intérieure. — Politique extérieure. — Solution des différends européens.—Économie sociale, finances, budgets, statistique.— Projet de société coopérative immobilière, ayant pour but de mettre les stations hivernales et les villes d'eaux à la portée des malades indigents. — Programme du congrès international des hautes doctrines (morale, religion, philosophie et politique.) — Notions de morale)

PAR

J.-A. MANCEL

—◦◦◦—

PARIS

CHEZ TOUS LES LIBRAIRES

ET 26, BOULEVARD DE L'HÔPITAL

—

1869

Le progrès pacifique. — Les variations du pacte social. — Politique intérieure. — Politique extérieure. — Solution des différends européens. — Économie sociale, finances, budgets, statistique. — Projet de société coopérative immobilière ayant pour but de mettre les stations hiver nales et les villes d'eaux à la portée des malades indigents. — Programme du congrès international des hautes doctrines (morale, politique, religion, philosophie). — Notions de morale.

EMPIRE
TIMBRE
IMPÉRIAL

BIBLIOTHÈQUE DES ÉLECTEURS

(Notes détachées.)

La politique telle qu'elle doit être de nos jours peut se résumer en deux mots : plus de révolution violente à l'intérieur et plus de guerre à l'extérieur.

Ce n'est pas seulement le philosophe moraliste convaincu que la douceur, la modération et l'indulgence qui règlent les rapports d'homme à homme, doivent aussi commander ceux de citoyen à citoyen et de peuple à peuple, qui doit parler ainsi, c'est encore et surtout l'homme d'État. N'a-t-il pas toujours vu qu'une bataille enlevait ce qu'une autre bataille avait fait gagner, et que, par conséquent, tout le sang versé l'avait été en vain et que tous les malheurs subis avaient été soufferts pour rien? Il n'y a de durable que ce que la persuasion établit sous la direction visible ou simplement latente de la Providence.

Ce n'est pas à dire qu'il faille subir toutes les injustices sans rien tenter; non, il faut que le règne de la justice arrive ; mais il faut aussi que tous les efforts soient faits dans un esprit de douceur et d'indulgence, qui ramène les dissidents au lieu de les éloigner à jamais.

Poursuivons donc le progrès non pas lent, mais pacifique. Sa marche sera rapide, à la seule condition qu'il soit pacifique. Quant à ce qui doit le mieux l'assurer, nous devons nous en rapporter à la Providence du soin de susciter les circonstances qui l'amèneront. Nous devons surtout craindre de l'obtenir par la violence; il est bien plus désirable que ceux qui y font obstacle soient conduits doucement à le rétablir volontiers et à y trouver autant de contentement qu'ils nous en donneraient à tous.

Voici, suivant nous, quelques-unes des améliorations que nous devons souhaiter à l'intérieur et poursuivre par tous les moyens de persuasion et surtout sans haine contre ceux qui n'en voient pas, comme nous, l'urgence et la justice:

L'instruction est obligatoire et égale de huit ans jusqu'à quatorze.

Le père de famille, qui a besoin du travail de ses enfants, est indemnisé par la société.

La justice est gratuite.

L'armée est transformée. Tous les citoyens sont soldats. Ils ne sont en service actif, mais cela sans aucune exception possible, que pendant deux ans. De vingt à vingt-deux.

Libertés illimitées, sans aucune autre pression que l'opinion publique et le droit commun avec le jury.

Grande réduction des dépenses ; plus d'emprunts, amortissement de la dette.

Suppression de l'article 75 de la Constitution de l'an VIII.

La vie politique et les professions libérales sont ouvertes aux femmes.

Toute personne, âgée de soixante ans, qui demande à entrer dans une maison de retraite pour la vieillesse, y est admise immédiatement et sans autre contrôle que celui qui est nécessaire pour constater son âge. La société honore et protége le travail et toutes les vertus, mais elle doit le pardon et l'oubli à toutes les fautes. Elle soulage les misères sans en rechercher l'origine.

Tous les cultes sont autorisés, honorés et protégés. Les ministres d'un culte ne sont subventionnés que s'ils le demandent et seulement jusqu'à ce qu'ils déclarent que leurs coréligionnaires suffisent à les soutenir.

Enfin, toutes les réformes économiques qui peuvent contribuer à établir le règne de Dieu, suivant la parole du Christ. Dans leur application on aura les plus grands égards pour la position exceptionnelle de ceux qui, élevés d'après les idées d'autrefois, ne peuvent pas vivre de suite et ne pourront peut-être jamais vivre suivant les principes qui vont saisir la majorité des esprits.

Pour le moment, que doit faire un député au Corps législatif? Doit-il voir dans son mandat le moyen de donner à ses mandataires, aux frais du public, ponts, grandes etpetites routes, etc., etc.? Il lui faut se faire de ses devoirs et de son caractère de député une idée tout autre. Sa nomination a dès lors une portée toute morale. Elle signifie que ses électeurs sont fidèles aux grands principes de justice sociale et nationale, qu'ils veulent le progrès universel et la civilisation avec la douceur pour moyen, et la dignité et le bonheur de tous pour résultats. Comment le député tendra-t-il vers ce but? Fidèle à des idées, mais toujours en dehors des coteries, fixé sur le but mais modéré quant aux moyens, il ne se mêlera pas aux partis qui se chargent et veulent se détruire. Il sera à côté d'eux et entre eux une protestation et un appel, il protestera contre la violence et rappellera que la France ne peut s'arrêter, qu'il faut qu'elle marche, et sans cesse, en avant. Il n'emploiera aucun moyen agressif, et c'est en cela que consistera son originalité. Il attendra le bien définitif de ceux qui l'ont écarté. Alors nous ne verrons plus, comme jadis, une réaction nous enlever le progrès que la force avait concouru à établir. Certes, si le monde n'était régi que par les hommes, l'attitude que nous conseillons aux députés serait une chimère dérisoire; mais quoi qu'en pensent tous les gens habiles, les destinées sociales sont dans d'autres mains que les leurs. Dieu semble s'éloigner, des fois, du spectacle du monde, mais son action n'est que cachée et ralentie; que le peuple éprouvé se relève, qu'il mérite d'être secouru, et les événements étranges se multiplient. C'est alors que tout semble conspirer pour ramener le bien, que les circonstances les plus futiles ou les plus hostiles en apparence donnent naissance aux mouvements décisifs, que les hommes les plus contraires sont amenés à défaire ce qu'ils ont élevé et ce qui leur paraissait à jamais consacré, pourrelever ce qu'ils avaient vu tomber avec bonheur. Si, alors, les nations ont le courage de supporter sans murmures les souffrances qui accompagnent toute transformation, elles sont sauvées ; la main qui les a relevées continue à les soutenir. Cette main qui s'est retirée, nous voulons son appui ; et c'est parce que nous attendons le secours qui vient d'en haut que, pour le mériter, nous resterons droits et fermes, quoique patients.

Quant à la politique étrangère, elle se résume en un mot : plus de guerre. Ici encore l'on ne se fait pas d'illusions et l'on sait bien qu'il est impossible qu'il n'y ait quelque conflit entre les peuples, surtout en ce moment. On n'ignore pas tout cela, mais on croit qu'il y a un autre moyen que la guerre de terminer tout différend et que ce moyen est seul en harmonie avec la nature de l'homme et avec l'intérêt des peuples. On connaît,

comme d'autres, les questions danoise, polonaise,
rhénane, romaine, orientale, l'on sait qu'elles
sont pleines de difficultés; mais on n'en est que
plus décidé à les voir résoudre par la conciliation,
par la raison plutôt que par la violence aveugle.
Il nous semble que la paix future de l'Europe
sera mieux assurée par des moyens doux et ra-
tionnels que par le hasard des batailles. La
guerre n'enfantera jamais que des violences et
d'autres guerres jusqu'à la ruine de ceux qui la
feront. Il faut la proscrire des esprits et des com-
binaisons politiques, comme il faut chasser de
tous les cœurs les haines qu'ils nourrissent contre
d'autres peuples. Ce n'est pas en les repoussant,
en leur rappelant leurs fautes, qu'on les amènera
à les reconnaître et à les réparer. Quelle inconsé-
quence, pour condamner l'esprit batailleur et
envahisseur d'un peuple aveugle qui se figure
qu'il absorbera tout l'ancien monde, que de l'i-
miter dans ce qu'on lui reproche et d'en appeler
à la force brutale afin de le convaincre! Conviez-
le à communier d'idées avec vous, oubliez pour
un temps les montagnes de morts qui sont entre
lui et vous, que vos sentiments le pénètrent, qu'il
vous aime, et, alors, de lui-même il fera rentrer

ses flots débordés, il reprendra ses limites natu-
relles. Ainsi donc, amour au Danemark, à la
Norvége, à l'Italie, à la Pologne, mais indulgence
pour la Prusse, la Russie et l'Autriche. Plus de
guerre, remplaçons-la par une assemblée constituante européenne permanente, librement élue
par tous les peuples et chargée de résoudre les
questions danoise, rhénane, polonaise, romaine
et orientale. Réparons le mal sans en faire d'autre. Ne disons pas qu'il faut supprimer la Turquie, par exemple, parce que les Turcs ne sont
pas Européens. Où sont en Europe les races au-
tocthones? Les Gaulois, les Hongrois, tous les
autres peuples qui l'ont habitée ou qui l'habitent
encore ne sont-ils pas venus de l'Asie? C'est donc
une mauvaise raison. Il n'y a pas jusqu'à la religion des Turcs qui ne plaide en leur faveur. Il est
bon qu'il y ait en Europe une grande diversité
de dogmes religieux. Au lieu de supprimer la
Turquie, il faudrait tout faire pour la fortifier, si
elle ne devait pas y travailler elle-même en se
transformant. Tout le reste échouerait peut-être,
cela seul réussira infailliblement. Qu'elle naisse
aux idées modernes, que tous les intérêts soient
respectés, que tous ses enfants soient confondus,

qùe toutes les grandes aspirations soient satis-
faites, et cette puissance retrouvera la force de
prendre un nouvel essor. Comme tant d'autres,
c'est la vie morale qui la sauvera. Mais aucun
peuple soucieux de l'avenir ne doit travailler à
l'amoindrir ni à lui ôter son mahométisme.

La guerre nous répugne comme un moyen in-
sensé qui ne peut rien faire de durable, presque
autant qu'elle nous attriste par son caractère
odieux et par son cortége de calamités. Mais l'hor-
reur qu'elle nous inspire est cosmopolite; ce n'est
pas pour la France seulement que nous la redou-
tons, c'est pour toute l'humanité. Nous savons
qu'il y a eu une invasion en France, qu'il y en a
même eu deux, et nous ne pouvons pas y penser
sans frémir; mais nous savons aussi que la France
s'était retirée; à tort ou à raison, elle estimait que
la lutte n'était qu'entre son gouvernement et l'Europe. Lorsqu'elle sait que c'est elle que l'on at-
taque, elle se lève comme en 92, et elle est invincible. Ce qu'elle a fait alors, elle le ferait encore,
et tout homme désintéressé qui songera sincèrement
à elle en demandant quelque chose aux autres
puissances, n'aura pas à se préoccuper d'avoir des
alliés. Toutes les fois qu'il s'agira d'une grande

cause, elle sera capable de tenir tête à l'Europe entière. Il y a longtemps que l'on sait que la France reçoit sa force d'en haut, que là est son allié et son protecteur. Ses armes seraient détruites que, si elle le méritait, des armées invisibles combattraient pour elle. Ce n'est donc ni par calcul égoïste ni par crainte que nous repoussons la guerre, et que nous demandons la convocation d'une assemblée européenne constituante et permanente pour régler les différends internationaux.....

Pour les affaires de l'Europe, il faut en appeler au suffrage universel européen.....

L'association est le trait d'union entre l'individualisme et le communisme : produire et gagner en commun, posséder et consommer en particulier les résultats du travail.....

Avec quelque gouvernement que ce soit, on peut presque réaliser toutes les économies imaginables, opérer toutes les réformes économiques et sociales, transformer les codes et les lois organiques dans le sens de la liberté la plus étendue.....

Abolition de toutes les contributions indirectes; suppression de tous les droits sur les objets français ou étrangers ; suppression des patentes.

Les impôts sont prélevés sur la fortune, sur le luxe et sur la position des célibataires. Quiconque a 100,000 francs ou 5,000 francs de rente paye 3 du cent. Au-dessous on ne paye rien. De 100,000 à 200,000 francs, c'est 6 pour 100; de 200,000 à 300,000 francs, 9 du 100, et ainsi de suite. Ceux qui ont en terre plus de deux cents arpents doivent être soumis à des droits très-élevés.

Les célibataires payent le triple des autres. Un célibataire qui a 5,000 francs de rente paye 9 du 100. On est tenu pour célibataire lorsque l'on n'est pas marié à vingt-six ans.

Sont imposés les chiens de luxe, les chevaux de selle et de calèche, les calèches, les diamants, les hôtels, c'est-à-dire les maisons qui pourraient loger plusieurs familles, et qui ne sont habitées que par une seule. 10 francs pour les chiens, 100 francs pour les chevaux, 500 francs pour les voitures. Ne sont pas réputées calèches les voitures de médecins et des courtiers en marchandises.

Toute personne qui occupe plus d'une bonne paye 100 francs par domestique en plus. Sont exceptées les bonnes des enfants de un à trois ans, et les nourrices sur lieu.

Il suffit de connaître un peu la nature humaine

pour être sûr que la vente des chevaux et des voitures ne diminuerait pas. Pourquoi en a-t-on ? C'est surtout pour la vanité, pour montrer que l'on est riche. On en aurait donc davantage, puisque ça serait devenu plus coûteux.

Les amendes forment un autre revenu pour le trésor. Elles sont mises sur les infractions aux mesures de police et sur les vices. Les adultères, par exemple, perdent toute leur fortune, sans préjudice de la prison ; ceux qui n'ont pas de fortune travaillent pendant dix ans pour le Trésor. Les séducteurs sont punis de même. L'emploi des amendes est fixé chaque année par une loi.....

Le socialisme est inférieur comme le corps. Le plus raisonnable est celui de Pierre Leroux, qui conserve tout ce qui est (religion, famille, propriété), et se contente de lui ôter son caractère de caste pour le transformer. Par suite, la religion devient la religion directe, la religion du cœur : dans la famille, l'on a non l'asservissement de la femme par la force ni celui du mari par la ruse ou l'audace, mais le respect mutuel et l'égalité réelle ; pour la propriété, elle ne cesse pas d'être individuelle, mais elle est généralisée. De ce socialisme l'on peut rapprocher celui de M. Delescluze, qui se résume dans ces quelques mots : large rémunération du travail; des éléments de la richesse et de la production, le travail est celui qui doit prélever la plus large part des bénéfices. On peut en rapprocher aussi celui que M. Jules Simon a affirmé dernièrement dans une réunion publique.

Ce sont des tendances plutôt que des systèmes. Quand on sera vertueux, rien de tout cela n'aura besoin d'être décrété. L'essentiel, et de beaucoup, est donc la réforme politique. Ceci est reconnu par des pauvres et par des riches issus de pauvres. Il y a, en effet, des pauvres qui s'enrichissent à la longue. Ce fait prouve que, même dans de défectueuses conditions économiques, on peut encore faire fortune par un travail sans le moindre répit et sans la plus innocente distraction. Mais dans un pays dont les institutions ne consacrent pas la liberté, l'on est condamné à n'être jamais libre. C'est donc l'affranchissement politique qui est la grande œuvre. Au surplus, de lui sortira tout le reste.....

Les uns amassent trop; les autres ont des charges, des maladies ou des vices; de là vient la misère.

La société protége ceux qui ont des malheurs:

elle prévient les vices. Quant à ceux qui possèdent trop, elle atténue ce qu'ils ont fait par des charges. Nul ne peut contester leur droit, nul si ce n'est eux-mêmes. Et c'est même leur devoir.....

Réforme des impôts, suppression de beaucoup de dépenses, voilà en deux mots la base du nouveau système financier.

Quant à la comptabilité, elle deviendra très-claire. Il n'y aura plus qu'un budget....

Les gros emplois, fortement rétribués, seront supprimés, pour cette raison qu'ils correspondent souvent à peu d'ouvrage. Les employés sulbaternes toucheront des appointements plus forts que ceux d'à présent et se partageront la besogne de leurs supérieurs. Le public deviendra leur contrôleur et leur chef.

Tous les employés supprimés (gros ou petits) conserveront leur traitement entier jusqu'à leur mort.

Ils auront ainsi intérêt aux réformes et le trésor bénéficiera de suite néanmoins, car chaque jour il en mourra.....

Plus de priviléges, plus de monopoles.....

Il y aurait peut-être un moyen de conserver le budget des cultes sans blesser les libres-penseurs.

Ce serait de le mettre à part et de le rendre facultatif. Tous ceux qui voudraient y participer en feraient la déclaration. Il serait ensuite réparti équitablement entre tous les inscrits. Les listes seraient recommencées tous les cinq ans. Après leur clôture, ceux qui voudraient se faire inscrire ou rayer seraient obligés d'attendre cinq ans.....

L'homme a le droit de posséder, de travailler et de garder les fruits de son travail, de les amasser, de s'en faire une propriété, comme il a le droit de boire, par exemple. S'il boit trop, il a tort, il commet une faute; on l'exhorte à ne pas la faire, mais on ne le violente pas. De même pour la propriété, s'il amasse trop, il a tort, mais on ne peut s'y opposer. On ne prouve pas qu'il n'a pas le droit en disant que d'autres sont dans le dénûment, mais seulement qu'il en use mal ; on ne s'avise pas non plus, pour condamner l'ivrogne, de dire qu'il y a des gens qui n'ont pas à boire : ils usent mal de leur droit, mais ils ont le droit. Il faut avoir la raison de ne pas trop amasser, et encore si l'on use bien de ses richesses et si l'on mène une vie honnête et pure, elles sont mieux là qu'ailleurs en attendant le jour où chacun possédera.....

2.

Rétablir l'ordre dans les finances par le remaniement de l'impôt et par la suppression d'un grand nombre de dépenses.....

Le progrès ne consiste pas à éloigner Dieu de la terre ; il ne sera complet, au contraire, que lorsque les hommes auront rapproché la terre du ciel et qu'ils vivront dès cette vie comme ceux qui sont affranchis du corps. Il faut que l'on arrive, dès cette vie, à faire ce que les hommes n'ont pu jusqu'à ce jour qu'après leur mort, c'est-à-dire s'identifier à Dieu.....

Il faut aimer la religion, la famille, la propriété et l'ordre comme Dieu le veut et non comme l'entendent les hommes de convoitises. On aime la religion, c'est-à-dire Dieu ; la famille, c'est-à-dire l'amour réciproque et persistant sans entraves à la liberté, sans autre puissance que la raison, le devoir et le sentiment ; la propriété, c'est-à-dire l'individu possédant et jouissant seul, mais ne possédant pas plus qu'il ne convient ; l'ordre, c'est-à-dire la justice, la liberté et la charité, l'égalité et la tolérance basées sur la bienveillance et sur toutes les vertus, non sur la force ni sur le mensonge, enfin le règne de Dieu.....

Si un culte n'avait pas assez d'adhérents, les

anciens prêtres recevraient, néanmoins, leur traitement jusqu'à leur mort.....

Une majorité opposante dans le Corps législatif pourrait amener le gouvernement à se transformer lui-même. Ces députés auraient une attitude pacifique qui interdirait de les dissoudre par la force. Ils n'accepteraient rien et ne proposeraient rien, mais, à chaque séance, ils déclareraient par l'intermédiaire de l'un d'entre eux chargé de motiver leurs votes, qu'ils attendent que le gouvernement renonce à sa voie pour entrer dans celle que l'on désire, et que, jusqu'à ce qu'il ait pris cette initiative, leurs bulletins seront nuls. Il leur faudrait seulement rester inébranlables.....

On ne veut pas que les heureux d'aujourd'hui deviennent les malheureux de demain, on ne veut plus du tout de malheureux.

Dans une révolution, il faut protéger les heureux comme les autres, afin qu'on ne les plonge pas dans la peine.....

L'homme a tout ce qu'il gagne pourvu qu'il le gagne réellement, sans faire de pauvres.

La société remplace les anciennes sociétés de compagnonnage vis-à-vis du travailleur pendant qu'il n'a pas d'ouvrage.

L'homme a par l'association et le travail la faculté de devenir riche; en tout cas, il est sûr d'être instruit, et d'avoir de l'ouvrage, des soins et une retraite.

Le luxe est toléré. A l'homme de savoir qu'il doit être tempérant et simple; le citoyen est libre d'avoir autant de luxe qu'il lui plaît.

La société assure aux travailleurs le bien-être indispensable. Quand ils sont malades, elle leur fait des prêts qui leur permettent d'aller se soigner dans le Midi ou aux eaux. Elle fait bâtir dans les stations thermales et hivernales des établissements analogues aux hospices.....

Il est à peu près évident pour tout le monde, maintenant, que les réformes politiques sont les plus importantes de toutes et que, d'ailleurs, elles obtenues, tout le reste viendra naturellement. Les systèmes socialistes ne pourraient qu'égarer et tout compromettre. Ils ont toujours été fatals aux gouvernements libres. L'histoire de Rome est là pour le prouver. Ils lancent l'homme à la poursuite de satisfactions qui s'arrangent de tous les régimes et même des moins justes. Ils mettent sur leur bannière qu'ils veulent la fin de la misère, mais ce n'est pas cela, c'est la vie sensuelle dans toute son étendue qu'ils veulent saisir. *Panem et circenses.* C'est chez les peuples ce qu'est chez l'homme la voix des bas instincts révoltés contre l'âme. Un peuple qui en est arrivé là se soucie bien de la liberté et de l'intelligence ; ravalé à l'état de la brute, il dit, comme l'animal de la fable, le moindre grain de mil ferait bien mieux mon affaire. Ce n'est pas lui qui courrait en sabots, en guenilles, au-devant des ennemis à la frontière. Il lui faudrait toutes sortes d'avantages et de dédommagements et des boissons. Pourquoi exposerait-il une vie à laquelle il ne faut que de la paresse, du vin et des saucissons? Tous les envahisseurs ne peuvent-ils pas faire luire ce mirage devant ses yeux alourdis?

Le passé du socialisme n'est guère autre chose que l'histoire des triomphes ternis et annulés. C'est le matérialisme qui a perdu la grande révolution de 1792. C'est le socialisme qui a effrayé en 1848 et tout compromis. Alors, cependant, on avait été bien plus heureux qu'en 1830, on avait su profiter de la victoire. Les systèmes menaçants sont venus rapetisser les idées et les caractères.

Il faut distinguer le socialisme des réformes

sociales. Celles-ci sont justes et viendront naturellement après les progrès politiques. Elles sont
indispensables. Robespierre l'a dit, toute révolution qui n'améliore pas le sort du peuple n'est
qu'un crime qui remplace un autre crime.

Le socialisme ne voit que cela pour but de notre activité. Il veut que nous ayons la vie assurée,
la vie bestiale. Mais si l'on n'a pas tout le reste
d'abord, à quoi bon vivre ?

Ainsi n'égarons plus notre action, tendons vers
l'affranchissement politique ; la justice sociale s'en-
suivra naturellement. Elle n'est qu'une consé-
quence ; nous ne commettrons pas le non-sens de
la rechercher autrement qu'en poursuivant le
principe d'où elle émane.

Quels moyens employer pour réussir ? La force ?
Non. Les moyens légaux, et, avant tout, le suffrage universel, le vote, les élections.

Il faut voter pour ceux qui contrôleront d'une
façon inébranlable le gouvernement. Il faut que
les candidats soient nombreux, très-nombreux.
Les suffrages se partageront entre eux, puis, au
second tour de scrutin, se réuniront disciplinaire-
ment sur celui de chaque nuance qui aura obtenu
le plus de voix au premier. Ainsi, le suffrage uni-

versel sera libre, il ne recevra le mot d'ordre de personne ; la dignité de l'électeur sera sauvée, sa volonté sera bien connue (la grande multiplicité des candidatures l'aura mis en demeure de la manifester), enfin la souveraineté nationale s'exercera dans sa vérité et dans sa grandeur.....

Plus de serment.....

Quand une croyance a plus de cinquante mille adhérents, ses ministres sont payés par l'État, s'ils le demandent et s'ils ne reçoivent absolument rien de leurs coréligionnaires. Il faut que la société conserve son droit de surveillance. Tous les prêtres actuels seront payés et conservés, lors même qu'ils ne seraient pas employés. Ils ne seront astreints à aucun serment. On leur bâtira des palais immenses et magnifiques à Nice, à Vichy et au Tréport, afin qu'ils puissent passer agréablement tout leur temps. Après eux, ces palais seront affectés au service des ouvriers faibles de la poitrine, constitutionnellement ou accidentellement.....

Qu'est-ce qu'un socialiste ? Un homme inféodé à des systèmes peu libéraux et sensualistes ? Oh ! alors, non. Un esprit pénétré de la justice de certaines réformes sociales ? Comme cela, oui.....

Instruction primaire obligatoire, gratuite et égale.

Justice gratuite.

Plus de conscription.....

On pourrait, peut-être, subvenir aux frais des cultes par un impôt à part. Ceux qui ne voudraient point payer cet impôt iraient en faire la déclaration à la mairie. Dès lors ils ne pourraient être portés sur aucune liste d'adhérents à un culte quelconque.....

Les prisons sont remplacées, pour les premiers délits et les deux premières récidives, par des maisons de pénitence et d'amélioration. On y fait matin et soir des cours de grammaire, de littérature, d'histoire, de géographie, de sciences et de philosophie. On y enseigne de plus, en guise de récréation, le travail des champs et un état manuel sédentaire. Le progrès dans les études, l'application au travail, le changement dans la conduite atténuent la durée fixée par les juges pour l'internement. C'est un nouveau jugement qui précise, en la motivant, cette modification.....

Publicité des séances des conseils municipaux ; impression des procès-verbaux. — Suppression de l'octroi et des taxes de consommation. — Plus

de prison préventive ; jury en matière civile ;
jury d'accusation ; abolition de la peine de mort.
Abolition de la conscription et de l'armée permanente. — Plus de candidatures officielles, le contrôlé ne peut choisir lui-même le contrôlant.....

Croyance saine, instruction, liberté, pour moraliser, pour rendre familières la vertu, la justice
et la fraternité, et produire ainsi la disparition non
de la souffrance qui tient à notre condition sur
terre, mais de la misère, qui est le fait des vices de
l'homme et de l'organisation des sociétés.....

Vie simple, de famille, chez les dignitaires,
pour la ramener partout et effacer le goût du
luxe, de ce qui fait de l'effet et du bruit. Source
de misère de moins.

Plus de lois, la vertu partout, fin dernière de
la société. Moyens : sincérité et désintéressement
des dignitaires, liberté, instruction et une croyance
parfaite, pure, sans mélange d'erreurs.....

Plus de révolutions. Dieu amène les pouvoirs
à rétablir forcément eux-mêmes les institutions
qu'ils ont faussées, puis tout à fait renversées.....

Ne pas approuver la Russie, mais lui pardonner
au lieu de la repousser toujours, et la rendre incapable de nuire en l'amenant au bien. L'inonder

d'ouvrages français, la faire envahir par les idées nouvelles, l'instruire en traduisant en russe les ouvrages français. Ne plus repousser irrévocablement, ramener par la douceur et l'indulgence.....

Adoption du calendrier de **1793**. Fête tous les decadi; fermeture des administrations tous les quintidi. De cette manière, il y aurait plus de jours de repos qu'il n'y en a à présent; les employés y gagneraient.....

Droit au travail, droit à la retraite, invalides civils.....

Plus d'ignorants, plus de vicieux, plus de malheureux.....

Solution de toutes les questions européennes par une assemblée internationale permanente, nommée par le suffrage universel de tous les peuples. Lorsqu'un gouvernement aurait à se plaindre d'un autre, il s'adresserait au congrès.

Quant aux remaniements territoriaux, on s'en remettrait aux peuples. Pourquoi ne feraient-ils pas eux-mêmes le sacrifice de tous les agrandissements injustes? Pourquoi n'auraient-ils pas leur nuit du 4 août?.....

Le pardon est un devoir pour le citoyen comme pour l'homme. Il faut des années d'angoisses avant d'arriver à ces résolutions supérieures, sans croire trahir les victimes sur lesquelles on a tant pleuré, alors que nul n'en parlait.

Ceux qui étaient tout jeunes il y a dix-huit ans, savent cela. Ils ont vu s'évanouir tous leurs rêves sans renoncer à leurs idées. Ils se sont retranchés dans l'ignorance absolue de ce qui se passait, comme dans une protestation en faveur de ce qui s'était écroulé. Rien n'en était plus debout, et, cependant, pour eux, il n'y avait que cela de réel. Ils ne savaient rien autre. Ils s'avouaient seulement qu'on était mort, et ils n'avaient plus d'espérance. A vingt ans, ils en étaient réduits à se dire que leur génération avait manqué à sa mission, que ce qu'elle devait faire était ajourné indéfiniment ou perdu peut-être, et qu'ils ne devaient ni travailler à le faire arriver ni espérer le voir, enfin qu'il leur fallait seulement le garder en eux.

Après les premières années de sombre désespoir, ils sont tombés dans un état de tristesse silencieuse et résignée. Ils se sont dit : Notre génération est finie, elle se survit à elle-même, elle ne fera rien. Il faut donc seulement garder intact en soi le souvenir de ce que l'on devait établir partout. Rester en esprit du temps pour lequel on était né, pas de celui d'à présent. On est un ancêtre sans avoir rien fait, rien créé. On ne veut pas quitter le plus pour le moins, on s'en tient à ce que l'on a entrevu ; l'on est fidèle au bien et au progrès tels qu'ils devaient être, tels qu'on les avait vus et aimés. Tout cela n'est nulle part et ne reviendra peut-être plus, mais ça reste en nous, dans nos intelligences, dans nos âmes. Nous ne voulons nous mêler à rien, ni rien connaître de ce qui se fait à présent. Nous n'approuvons plus, nous ne désapprouvons plus, nous ne sommes plus, nous sommes des ancêtres.

Et c'était là une des dernières formes de leur douleur, elle avait été d'abord sinon plus forte, du moins plus amère, plus violente et plus intraitable.

Ce n'était pas encore assez. Il ne faut pas ainsi se désintéresser des événements. Sans être infidèle à ses préférences ni aux victimes que l'on pleure, l'on peut rechercher le progrès de la manière compatible avec le temps. Les victimes elles-mêmes vous le conseilleraient. Enfin, la vie humaine ne doit pas fournir qu'un effort et les échecs doivent être réparés. Dieu soutient ceux qui recommencent toujours leur sillon, qui se remettent tranquillement à la besogne pour reconstruire l'édifice, au lieu de ne songer qu'à la cruelle déception, à la rude épreuve d'avoir à refaire ce qui était fini et qui a été détruit de fond en comble.....

Le progrès par la persuasion, c'est-à-dire les réformes ne s'opérant que par la volonté de ceux qui doivent en souffrir. Il s'agit de toucher leurs âmes par la douceur et par la force de la vérité et de les amener ainsi à se transformer. Il faut leur montrer que l'on ne veut avoir aucune haine contre eux, et que l'on n'est dirigé que par l'amour de la justice qu'ils doivent avoir aussi et par la compassion pour les infortunes. Il n'y a pas d'autres moyens pour opérer les réformes durables que la douceur et la modération. Le but est d'arriver au règne de Dieu sur la terre, c'est-à-dire à la justice et à l'amour par les habitudes et par la volonté des âmes plus que par les lois.....

Il ne faut plus faire de victimes. Il est aussi important de dédommager ceux qui vivent du mal que de réparer le mal. Réforme radicale et douce; elle empêche radicalement le mal de se perpétuer; elle traite avec douceur et ménagement ceux qui profitent du mal actuel.....

Le socialisme est inférieur comme la matière

dont il se préoccupe par-dessus tout. Le peuple romain de la décadence, l'esclave et la dupe des empereurs, était un peuple socialiste. *Panem et circenses.* L'histoire a montré à maintes reprises qu'aux nations qui consument leurs ardeurs à réclamer les jouissances sensuelles on peut hardiment présenter des fers. Les systèmes qui n'ont pour but que de satisfaire et de réhabiliter la chair ont été, sans le vouloir, les complices et les instruments des hommes qui préparaient des chaînes pour les peuples. Lorsque le jour de les écarter arrivait, d'où vient qu'il n'y avait plus de vigueur dans les bras, plus de valeur dans les âmes? Qui avait éteint l'enthousiasme pour les grandes et généreuses entreprises? Qui avait glacé les cœurs?.....

Les enfants de quatorze ans quittent l'enseignement primaire et subissent un examen d'après lequel il est décidé qu'ils suivront ou non gratuitement les études littéraires, scientifiques et artistiques complètes. Ceux qui ne sont point désignés choisissent le commerce, l'agriculture ou un état industriel. La société paye l'apprentissage qui marche de niveau avec une forte instruction morale donnée à certains jours.

Les enfants qui ne profitent pas de ces soins de la société sont tenus de prouver qu'ils font des études équivalentes et de passer un examen à quatorze ans.

C'est la société qui fait subir les examens. Elle maintient tous ses enseignements et tous ses examens pour les professions libérales; elle seule donne les diplômes. Par respect pour la liberté de l'enseignement, il est permis d'étudier où l'on veut, et les règlements pour les années d'études sont facultatifs.....

L'ouvrier qui est sans ouvrage et qui en réclame est employé dans des ateliers que l'on monte suivant les besoins, et qui, donnant à meilleur marché que les particuliers, obligent ceux-ci, dans la crainte de la concurrence, à garder leurs ouvriers. Lorsqu'il est malade, il est soigné chez lui ou dans un hôpital, dès qu'il le demande et selon ce qu'il demande, sans aucune observation. S'il a besoin d'un secours, il l'obtient dès qu'il le demande, sans contrôle, sans démarches. Il n'a qu'à parler. On a une trop haute idée de la dignité de la personne humaine pour suspecter ses paroles. En ce cas, sa femme reçoit chaque jour l'équivalent de ce qu'il gagne à l'atelier. Ça sera son instruction qui l'aidera à accepter cela. Elle l'aidera à porter ses yeux plus haut que cette terre. Ainsi, ceux qui souffrent des abus n'en souffriront plus ; ceux qui en profitent, en profiteront moins, sans être, toutefois, violentés. La société ne peut forcer qui que ce soit à être vertueux, à ne point chercher le superflu ; elle l'oblige seulement à ne point pour cela faire souffrir les autres. On sera libre d'avoir des fortunes scandaleuses, mais personne ne pourra, pour avoir le superflu, priver les autres du nécessaire, pour ne rien faire, les condamner à un travail exténuant.

Chaque année les dépenses de bienfaisance publique sont prélevées sur les biens laissés par les gens morts dans l'année. Toutefois on ne prend rien de ceux qui ne dépassent pas la valeur de quarante mille francs.....

Les deux principaux remèdes au paupérisme sont l'instruction et la vertu. Ou plutôt il n'y en a qu'un seul, car, pour avoir une vertu inébranlable, il faut une croyance saine, et c'est à l'éducation et à l'instruction de la donner.

Quant aux écoles modernes qui, pour rendre l'homme heureux, veulent non-seulement qu'il ait le nécessaire, mais encore qu'il satisfasse tous ses instincts, toutes ses passions, autrement dit ses vices, elles perpétuent la misère, au lieu de travailler à l'éteindre. Le vice est, en effet, une des causes qui l'engendrent. Elles croient nous mener au progrès, elles nous font revenir bien en arrière, au temps du déluge, alors que l'homme n'avait plus de lien moral, au point que l'on n'a pu regarder ce phénomène physique que comme un châtiment de la corruption générale. En ce temps-là, on trouvait légitimes toutes les satisfactions du corps; l'esprit était subordonné à la matière. C'est là que l'on nous veut conduire. A quoi bon recommencer cette expérience? Elle est faite, le souvenir honteux en est à jamais gravé dans la mémoire des hommes.....

L'individu doit être religieux, c'est-à-dire aimer Dieu. La société qui est l'ensemble des individus, les individus groupés, doit être religieuse aussi, c'est-à-dire reconnaître Dieu et être juste.

La société doit avoir non pas un culte, mais une religion, c'est-à-dire une déclaration de principes, une profession de foi religieuse, être vertueuse et juste et, enfin, faire le bien de tous ses membres. Cette déclaration est toute faite, c'est le décret de la Convention sur l'Être suprême. Quant aux individus, ils sont religieux ou ne le sont pas, ils suivent des erreurs d'un genre ou d'un autre, la société ne s'en mêle pas, du moment qu'ils ne nuisent qu'à eux. Par son exemple elle les avertit, et voilà tout. Elle ne peut empêcher l'individu de se faire du mal, dès qu'il n'en fait qu'à lui.....

Rapports d'homme à homme, charité. — Répartition des richesses, modération dans l'individu, charité. — Production de la richesse, association, jamais forcée, mais seulement organisée et toujours prête pour ceux qui veulent.....

Croisade contre l'ignorance russe. Introduire chez tous les Russes pauvres des ouvrages français traduits et surtout le *Moniteur de* 89. Il faut que peu à peu toute la nation vienne se joindre à la noblesse de Moscou, pour demander une constituante.....

Envoi gratuit à tous les citoyens d'un journal heddomadaire purement officiel.....

Augmentation du traitement des facteurs.....

Pas de représailles. Tant que le pays a été comme mort, on avait raison de se tenir enfermé loin du monde, protestant contre ce qui s'y faisait en l'ignorant autant que possible. Alors il était permis d'être tout à ses regrets, de penser exclusivement à cette révolution de 1848 si belle, si pure d'excès, si magnifique de promesses, de condamner ceux qui devaient la défendre et qui avaient usé de tous leurs pouvoirs pour la perdre, créant mille difficultés qu'ils lui reprochaient ensuite. On pouvait rester tourné vers ce passé, plaindre les âmes étouffées, pleurer sur les victimes. Il était loisible aussi de mépriser ces petites ambitions qui, en position de faire des choses sublimes, comme d'assurer le bonheur du genre humain, s'étaient consacrées à poursuivre des buts mesquins de vanité puérile et personnelle. Mais maintenant que les âmes qui semblaient mortes sont ressuscitées, il ne faut plus songer au passé avec rage. On ne doit point faire de représailles. Il ne faut pas vouloir reprendre les choses où elles étaient en 1848, mais se résigner à transformer doucement ce qui est, à recommencer enfin la marche vers les triomphes. On doit même s'estimer très-heureux de pouvoir tenter encore, tandis que l'on croyait que tout était fini et que l'on s'était enfermé à l'écart, dans l'attente de la ruine définitive.....

La nation s'est relevée, les esprits se sont re-
dressés, sont sortis de leur mort, chose que l'on
n'aurait jamais osé espérer. Aussi il faut préser-
ver soigneusement ce réveil de tous les périls.
Qui sait si une nouvelle mort serait suivie d'une
autre résurrection? Ceux qui ont désespéré de la
France, qui ont pensé qu'elle était finie, ne peuvent croire qu'elle joue éternellement à tomber
dans le néant pour en sortir. Ce serait un triste
jeu qui, cette fois, mènerait à une mort lente ou à
la ruine immédiate sous l'étranger. Certes, il ne faut
pas compromettre ce réveil; c'est bien pour cela
qu'il faut éviter les crises, les excès qui effrayent
les uns, conduisent les autres trop loin et amè-
nent les ennemis du dedans et du dehors. Que
tout vienne donc sans précipitation.....

Suppression de la peine de mort. Elle l'est
pour ainsi dire, du moins de fait. C'est un grand
mal que de ne pas mettre la législation en harmonie avec les mœurs et l'opinion. Ce désaccord
oblige à prendre, dans les jugements, des détours
préjudiciables à la morale. En présence de crimes
affreux, comme les empoisonnements de Mar-
seille, compliqués de toutes sortes de circonstances aggravantes, de prémiditations lentes et d'a-

trocités, on est contraint de prétexter des circonstances atténuantes pour écarter la peine de mort. Non, il n'y a pas de circonstances atténuantes, et ces crimes méritent la peine la plus grave. Il n'y a rien de plus mal, avec la séduction et le viol, il faut leur infliger le châtiment le plus dur. Mais ce châtiment est un crime lui-même que la société a maintenant honte de commettre. Eh bien! il la dégrade doublement: d'abord, parce qu'elle n'ose pas l'effacer de ses lois et, ensuite, parce qu'il l'amène à excuser des crimes hideux et inexcusables. Qu'elle le supprime, et alors elle n'aura plus, comme à présent, l'air d'innocenter le mal. Le plus grand châtiment n'étant plus immoral, elle pourra l'infliger aux plus grands crimes. C'est ce qu'elle ne peut faire aujourd'hui, on ne saurait trop le répéter.....

Pour les intérêts de la commune, les habitants de trente à quarante ans forment un conseil qui règle les affaires de l'intérieur; ceux de quarante à cinquante en composent un second qui s'occupe des rapports avec les autres communes...

Les questions de la création et de la distribution de la richesse ont donné lieu à trois évolutions des esprits : le mouvement économique, le

mouvement socialiste et le mouvement coopératif. Le premier, qui a produit plusieurs systèmes
opposés, a trouvé sa plus haute personnification
dans Bastiat. Ce sont les idées de celui-ci qui do-
minent depuis vingt ans l'économie politique.
Elles se résument dans la liberté illimitée et dans
la non-intervention de l'État. Rien par l'État, tel
est son principe essentiel. Ce que fait l'État est
généralement mal fait, et, en outre, c'est de l'in-
justice et de la spoliation.

Le deuxième s'est surtout étendu depuis 1830;
il veut l'amélioration du sort des malheureux par
l'intervention de l'État.

Le troisième est de ces dernières années ; il
poursuit le même but que le précédent par d'autres moyens. Il veut l'association sans l'intervention de l'État.

Pour Bastiat, il n'y a que l'individu; l'individu
ne compte que sur lui-même, mais rien ne gêne
son essor.

Pour les socialistes, l'individu disparaît ; l'É-
tat, la société prend sa place. L'État devient le
seul propriétaire, commerçant et agriculteur. Il
règle le travail, le rétribue.

Cette donnée générale se retrouve dans tous

les systèmes, un peu plus ou un peu moins accu-
sée, suivant les écoles. Elles étaient nombreuses:
saint-simoniens, phalanstériens, icariens, ba-
bouvistes, organisation du travail, égalité des salaires, abolition de la concurrence, gratuité du
crédit, le capital est infâme, doubler les impôts
pour que l'État soit banquier, industriel, commerçant, propriétaire, et que l'on n'ait plus besoin
du capital; Ménilmontant, à chacun selon sa capacité; Citeaux, phalanstère; Texas, communauté; atelier social de Clichy, atelier social aux
frais de l'État avec des salaires égaux; récom-
penses honorifiques aux ouvriers laborieux, nom
des paresseux sur un poteau, celui qui ne travaille
pas assez est un voleur, l'État trouve des débou-
chés. Les phalanstériens associent le capital, le
talent et le travail. Dans le phalanstère l'on travaille et l'on produit en commun. C'est l'attrait
qui mène au travail et non la fraternité ni la
force. L'individu a l'usufruit de son bien, le fonds
est la propriété commune. Il n'administre même
pas son bien ; le caissier de la phalange lui paye
le revenu.

Les partageux veulent le partage égal. Mais
l'égalité ne pouvant se maintenir, les communis-

tes n'admettent pas la propriété individuelle ni le capital. L'État est propriétaire de tout; il classe les travailleurs et les astreint à leur besogne. Pour les communistes, il y a trois vices principaux : la propriété, l'inégalité de fortune et la monnaie. En supprimant le premier, ils font disparaître les autres. La monnaie devient inutile, puisque l'on n'a ni à vendre ni à acheter.

Quant à la famille, presque toutes les sectes s'accordent à donner les droits du père à l'État; quelques-unes proclament que les enfants appartiennent à tous, et veulent la communauté des femmes. C'est dans la satisfaction de la vie sensuelle qu'elles mettent la guérison des abus que l'organisation actuelle peut présenter. Certaines disent que la perfectibilité consiste dans le développement des passions, réclament la liberté amoureuse, et vont à Otahiti chercher des exemples justificateurs de leurs systèmes. Elles n'ont pas besoin d'aller si loin ; il leur suffit de regarder les gouttières des maisons et les carrefours des villes. La nature animale est la bonne nature pour les animaux, sans doute, puisqu'ils sont réduits à n'en pas avoir d'autre; pas pour l'homme.

Toutes abritent l'affranchissement des sens

sous le nom si respectable de la liberté. Celle-ci
ne se trouve, au contraire, que dans l'asservissement de la matière.

Socialisme est le nom commun donné à tous
les systèmes qui veulent détruire la société actuelle. Ils suppriment la propriété et la famille,
annulent l'individu. Ils ne voient dans l'homme
que les sens, et ne tiennent compte pour la plu-
part, de la morale ni de la conscience. Ils disent:
L'ordre social actuel repose sur la propriété et la
famille, donc il faut supprimer la propriété et la
famille.

Outre tout ce que nous avons dit, on a encore
réclamé : l'intervention de l'État dans toutes sortes de choses, comme la fixation des salaires ;
intervention de l'État dans les institutions de crédit, banques d'État donnant aux pauvres, à un
petit intérêt les capitaux dont ils ont besoin
papier-monnaie avec cours forcé ; gratuité du crédit ; contrat de vente remplacé par l'échange ;
banque d'échange qui reçoit les produits du travail estimés d'après le temps qu'ils ont demandé
et donne en échange des mandats payables en
nature,

A côté de ces systèmes, il y a un autre socialisme, qui veut supprimer la misère par des moyens différents; c'est celui des montagnards de 1849, de Lamennais, même de Pierre Leroux, et tout récemment de M. Jules Simon.

« Point de liberté, point de souveraineté sans propriété. La propriété est la garantie de l'individu, partant de la famille et de la société. Loin de nier, de détruire la propriété, nous venons l'affirmer et l'affermir en la transformant de privilége en droit, c'est-à-dire en l'étendant, en la rendant accessible à tous, en y intéressant tout le monde. — *Manifeste de la Montagne aux électeurs, printemps, 1849.* »

Lamennais a dit : « Outre les maux inhérents à notre condition terrestre, à l'imperfection irrémédiable de chacun de nous, il en est qui viennent de la société, et ce ne sont ni les moins nombreux ni ceux dont le poids s'aggrave le moins sur la race humaine; mais au degré où l'homme s'affranchit de l'ignorance et des penchants qui l'inclinent au mal. A ce même degré il atténue les maux dérivés du vice de la société ou perfectionne la société elle-même, qui à son tour rend possible à l'homme un perfectionnement nouveau. »

Et ailleurs : « Le peuple est tourmenté du besoin de s'affranchir pour assurer sa vie par une meilleure organisation du travail et une plus équitable distribution de ses fruits..... »

Et ailleurs encore : « C'est en même temps que par son essence, se résolvant dans l'individualisme, il oppose à sa propre réalisation dans la société un invincible obstacle, tant qu'il ne se joint pas au devoir profondément empreint dans la conscience et ne s'y subordonne pas. Le devoir, en effet, par le dévouement réciproque, par le volontaire sacrifice de soi, par l'amour enfin, unit ce que le droit divise, opère la fusion des individus en leur imprimant une tendance commune, les ordonne entre eux et dans le tout.....

» Déterminer les moyens par lesquels le prolétaire pourra parvenir à se créer la propriété qui lui manque et à compléter de la sorte son affranchissement.

» Pour que la liberté soit individuelle, et la liberté est individuelle, ou elle n'est pas, il faut donc que la propriété, selon son essence, soit individuelle aussi.....

».... Qui dit association dit liberté, liberté de chaque associé à l'égard des autres, liberté de tous à l'égard du pouvoir public. Y a-t-il association entre le bœuf et celui qui l'attelle à la charrue? Et qu'importe que celui qui attelle s'appelle Pierre ou s'appelle l'État? Mais, secondement, aucune association libre n'est possible sans un lien moral si chacun ne se croit, ne se sent obligé envers autrui, si tous n'ont pas ce sentiment, cette croyance intime d'où résulte, avec la sécurité mutuelle, l'unité.....

» Comme la liberté ne résout dans l'individualité, que nul n'est libre, s'il n'est individuellement libre, la propriété aussi se résout dans l'individualité, est individuelle, ou n'est point.....

» Savoir par quelles voies vous pourrez parvenir à vous créer une propriété. Or, quiconque est privé de toute propriété ne peut évidemment s'en créer une que par son travail. C'est donc par votre travail qu'il vous sera possible d'acquérir le complément de votre liberté.

» La vraie cause du mal est beaucoup moins dans la mauvaise distribution de la richesse déjà produite que dans la répartition vicieuse de la richesse reproduite journellement.

» Le travail affranchi, maître de soi, serait maître du monde.

» Mais qu'est-ce que le travail affranchi, maître de soi ?

» C'est le travail dégagé des entraves qui maintenant le rendent plus ou moins improductif pour le travailleur.....

» Entraves légales, entraves intellectuelles, entraves matérielles.....

» Le travailleur, légalement libre et possédant la mesure d'instruction que sa capacité native lui aurait permis d'acquérir, ne serait pas affranchi pour cela ; il ne serait pas maître de soi, de son travail, si la matière à laquelle il faut qu'il applique son travail, l'instrument qui le rend possible, si le capital enfin ne lui était pas directement accessible.

» L'association est-la base indispensable de toute amélioration possible.

» La société lui doit la liberté légale, l'instruction nécessaire au développement de l'intelligence, l'aliment de l'esprit, le capital qui lui assurera réellement et non fictivement la propriété de son travail. Voilà ce qu'elle doit, ce qu'elle peut lui donner, mais elle ne peut que cela. »

Le question sociale, c'est à-dire la question de la propriété, trouve une solution dans la suppression du salariat. Tout le produit du travail au travailleur, le produit du capital au capitaliste. Un chef d'industrie prendrait non plus des salariés, mais des associés travailleurs. Le chef aurait l'intérêt et la garantie de son argent, plus le produit de son travail. Si son travail était plus précieux que celui de ses associés travailleurs, il aurait davantage et d'autant plus qu'il serait plus utile ; s'il travaillait beaucoup plus, comme ça arrive souvent dans les petites maisons, il recevrait en proportion......

La morale est, en somme, la meilleure solution de toutes les questions de politique et d'économie politique ou sociale. Remaniez les mœurs et tous les changements viennent sans peine. Et pour transformer les mœurs vous n'avez à violenter personne, vous n'avez qu'à vous réformer vous-mêmes et à construire par vos exemples.....

Douze constitutions ont été promulguées de 1789 à 1868.

La première a été appliquée du 11 septembre 1791 au 10 août 1792.

L'acte constitutionnel du 24 juin 1793 ne fut pas mis en vigueur, parce qu'un décret du 11 octobre 1793 déclara que le gouvernement de la

France serait révolutionnaire jusqu'à la paix

La constitution du 5 fructidor an III (22 août 1795) fut exécutée jusqu'au 19 brumaire an VIII.

22 frimaire an VIII (13 décembre 1799), nouvelle constitution de la République française.

16 thermidor an X (4 août 1802), nouveau Sénatus-Consulte organique de la constitution.

28 floréal an XII (18 mai 1804), nouveau Sénatus-Consulte organique.

9 avril 1814, constitution décrétée par le Sénat. Elle ne vécut que jusqu'au 10 juin 1814.

Ensuite vint la charte constitutionnelle, 10 juin 1814.

Le 23 avril 1815, nouvelle constitution connue sous le nom d'Acte additionnel aux constitutions de l'empire.

Le 8 juillet 1815, la France fut de nouveau régie par la charte dite de 1814.

Le 14 août 1830, charte constitutionnelle conforme aux amendements à la charte votés par les Chambres le 7 août.

4 novembre 1848, constitution de la République française. Elle resta debout jusqu'au 2 décembre 1851.

14 janvier 1852, nouvelle constitution, modi-

fiée par deux Sénatus-Consultes (4 novembre
et décembre 1852) et encore en vigueur.

1791. Les pouvoirs sont délégués à des représentants de la nation. Ces représentants sont le
Corps législatif et le Roi.

Le pouvoir législatif est exercé, avec la sanction
du roi, par une assemblée de représentants temporaires, élus librement par le peuple.

Le droit de suffrage est soumis au cens et
s'exerce à deux degrés.

Le pouvoir exécutif est délégué au roi et est
exercé, sous son autorité, par des ministres responsables.

Le pouvoir judiciaire est délégué à des juges
élus à temps par le peuple.

1793. Le peuple ne délègue qu'une partie de
l'autorité. Il nomme immédiatement ses députés.
Des électeurs, choisis par lui, élisent les administrateurs, les arbitres publics, les juges criminels et les juges de cassation. Enfin, il délibère
sur les lois.

Le Corps législatif est un, indivisible et perma-
nent. Sa session est d'un an. Il propose des lois
et rend des décrets.

Le Conseil exécutif est composé de vingt-quatre

membres. Les électeurs de chaque département nomment un candidat. Le choix définitif appartient au Corps législatif. Le Conseil exécutif est chargé de la direction de l'administration générale. Il exécute les lois et les décrets. Il prend les ministres et les ambassadeurs hors de son sein. Il est responsable de l'inexécution des lois et des décrets et des abus qu'il ne dénonce pas. Les membres du Conseil sont accusés, en cas de prévarication, par le Corps législatif.

Les séances des municipalités et des administrations sont publiques.

Les juges de paix jugent sans frais. Les juges de paix, les arbitres publics, les juges criminels et les juges au tribunal de cassation sont élus tous les ans.

1795. Les Français qui, réalisant certaines conditions de résidence, payent, en outre, une contribution fixée, sont citoyens. Ils nomment les membres de l'assemblée électorale, le juge de paix et ses assesseurs, le président de l'administration municipale du canton, ou les officiers municipaux dans les villes au-dessus de cinq mille habitants. Les assemblées électorales élisent les membres du Corps législatif, les membres du tribunal de cassation, les hauts jurés, les administrateurs de département, les président, accusateur public et greffier du tribunal criminel, les juges des tribunaux civils.

Le Corps législatif est composé d'un Conseil des anciens et d'un Conseil des cinq-cents.

Au Conseil des Cinq-Cents seul appartient la proposition des lois.

Les *résolutions* acceptées par les cinq-cents sont portées au Conseil des anciens, qui les accepte où les repousse.

Le Conseil des anciens peut changer le lieu des séances du Corps législatif.

Le pouvoir exécutif est délégué à un directoire de cinq membres, nommé par le Corps législatif, faisant alors les fonctions d'assemblée électorale, au nom de la nation.

Il pourvoit, d'après les lois, à la sûreté intérieure ou extérieure de la République.

Les ministres ne forment point un Conseil. Ils sont responsables de l'inexécution des lois et de celle des arrêtés du Directoire.

Le Directoire donne par écrit les comptes ou les éclaircissements que lui demande l'un ou l'autre Conseil.

Il peut toujours inviter par écrit le Conseil des cinq-cents à prendre un objet en considération ; il peut lui proposer des mesures, mais non des projets rédigés en forme de loi.....

Un gouvernement qui n'est pas né de l'essor spontané ni du réveil généreux d'une nation doit s'attendre à tomber par les moyens qui l'ont élevé. Si donc la tactique qui a le plus contribué à son succès a été de demander la révision de la Constitution précédente, il doit compter que cette arme se tournera contre lui et que l'on demandera la révision de sa constitution. Il ne pourra étouffer ce cri qu'il a tant poussé lui-même jadis. S'il ne veut pas succomber, il lui faudra se hâter de l'écouter, ou plutôt de le prévenir. Ainsi il réglera la marche du retour.....

Le peuple s'est fréquemment soulevé depuis la défaite de la révolution en thermidor. D'abord, il avait la vue claire de ce qu'il fallait, c'est-à-dire reprendre la marche arrêtée, et, en germinal et en prairial, il a demandé la fin de la réaction et la consécration des idées nouvelles, la Constitution de 93. Il a échoué. Plus tard, en 1830 et en 1848, il a été vainqueur, mais alors il avait oublié. La paix était assurée au lendemain de ces brilʃantes victoires, et, pourtant, nul n'a songé à faire acclamer l'acte constitutionnel renvoyé à la paix.

Nul n'a pensé à reprendre les choses où elles étaient restées en suspens, à renouer la chaîne des temps interrompus.....

L'esprit de parti aveugle les intelligences et amène les hommes à ruiner de leurs propres mains l'édifice qu'ils ont bâti. Ainsi, en 48, les montagnards ne pouvaient rien pour faire arriver à la présidence leur candidat, mais ils pouvaient tout pour le général Cavaignac. Ils avaient un moyen assuré de le faire nommer. Comme il n'était pas de leur nuance, ils ont persisté dans leur isolement, au risque de compromettre l'existence du gouvernement républicain. Ils étaient tous très-populaires dans les campagnes; chacun d'eux disposait des votes des paysans de son arrondissement. Ils n'avaient qu'à se porter, avec la certitude d'échouer certes, d'encourir même le ridicule. Ces ennuis leur auraient semblé légers, car ils les auraient encourus par dévouement à l'ordre des choses d'alors et en vue de satisfaire leur conscience. Les deux cents montagnards ayant enlevé les votes des campagnes, la bourgeoisie serait restée seule et Cavaignac aurait été nommé.

Parce qu'ils avaient voté contre la présidence,
ils ne comprirent point qu'au lieu de protester
jusqu'au bout, il ne fallait plus, puisqu'elle avait
été décrétée, que travailler à la rendre aussi peu
nuisible que possible.

Après 92, si l'on avait laissé les Girondins perdre lentement leur prestige, si l'on n'avait tué
personne, ni Danton, ni Hébert, ni Marat, ni
Robespierre, la réaction aurait-elle été possible?
Non. Le triomphe des vertueux serait arrivé très-
lentement, mais il aurait été définitif.....

La propriété est légitime lorsqu'elle est acquise
honnêtement, modérément, patiemment et qu'on
l'emploie d'une manière estimable. Elle est le
corrélatif de la liberté. Dans la société, elle ren-
contre des limites, comme la liberté, dans le droit
des autres. Elle ne peut pas être en question,
c'est la richesse que l'on discute. Il est de l'intérêt
de tous que la somme des richesses soit considé-
rable, que le capital amassé soit abondant. Tous
en profitent. L'État ne doit pas réglementer le travail ni la répartition des richesses. Bien plus, on
doit restreindre presque complétement son action.
C'est le sentiment de la justice qui transforme les
intérêts, qui commande à tout homme de travailler

4.

et d'aider les autres à vivre en travaillant. Puisque l'État ne doit pas et ne peut point pourvoir à l'avenir des membres de la société, c'est à eux d'y veiller eux-mêmes. Le capital doit donc donner droit à une part dans les bénéfices. Si 100 francs, restés dans la terre pendant un an, ne s'augmentent pas d'une pièce de cent sous, ils ne sont point non plus exposés à être perdus. Néanmoins les droits du travail sont grands. Il faut remarquer aussi que bien des patrons sont la cheville ouvrière de leur maison, autant par leur rude labeur que par le capital, qu'ils veillent à tout, commencent beaucoup plus tôt, finissent beaucoup plus tard, ont tous les tourments et ne se permettent pas une minute de distraction. Ils méritent donc bien de réussir, et, cependant, beaucoup succombent. Plus d'hostilité contre le capital et les patrons! C'est déraisonnable, c'est illogique, c'est funeste comme tout ce qui vient de la haine. La question est de rendre accessible à tous les ouvriers la propriété et le capital. Organisons la société dans ce but. Pour cela ne détruisons pas beaucoup; détruire est presque toujours mauvais. Il faut améliorer, transformer, métamorphoser ce qui est. L'association, l'instruction

et la moralité d'une part ; la presque suppression
des impôts, les institutions de prévoyance et de
bienfaisance d'autre part, permettront aux ouvriers laborieux, intelligents et persévérants d'arriver à être capitalistes et leurs maîtres, et, en
outre, elles préserveront de la misère extrême
ceux qui auront été malheureux dans leurs essais
ou distraits par quelques faiblesses. L'association
sans l'État les mettra à même de produire seuls,
de s'aider, de se loger et de subvenir à leurs besoins au plus bas prix possible. Sans compter
qu'elle leur donnera les moyens de redresser les
torts de la société et de finir sans violence l'œuvre commencée en 89. Et voici comment. Lorsque leurs sociétés diverses seront répandues aux
quatre coins de la France, elles pourront s'enten-
dre, se soutenir, et leur ligue pacifique et bien-
veillante, mais juste, fera échec aux gros pro-
priétaires, aux forts commerçants, aux financiers
qui veulent gagner gros et vite. Elle les condamnera
à une sorte de quarantaine qui les obligera à revenir aux prétentions équitables et modestes.... à

On n'a pas à craindre les forces aveugles et
menaçantes, tant que l'on va en avant, que l'on
marche vers la réalisation des principes supé-

rieurs. Si l'on s'arrête, si l'on perd sa voie, si l'on tourne la civilisation vers le mal, on est perdu. Des deux choses mauvaises, la corruption civilisée ou la corruption barbare, celle-ci l'emporte et détruit l'autre.

Tant que les peuples avancés marchent, ils n'ont rien à craindre du nombre. Athènes a triomphé des Perses. Dès qu'ils s'arrêtent, le châtiment arrive. Ainsi les Grecs, les Juifs et Rome sont morts pour avoir reculé devant les dernières réalisations du bien. Le Christ n'a-t-il pas dit clairement que Jérusalem périrait pour avoir méconnu la voix des prophètes, pour avoir éloigné le règne de Dieu qu'il venait établir? Ne faisait-il pas dire par ses apôtres : Notre père qui êtes aux cieux, que votre règne arrive, que votre volonté soit faite sur la terre comme au ciel ? Lorsque Dieu s'est retiré d'un peuple, une poignée de barbares suffit pour anéantir ce peuple. C'est ainsi que les Francs ont pu se rendre maîtres de la Gaule.

La France porte encore les destinées du monde : mais il faut qu'elle pense sans cesse à la Judée, à la Grèce et à Rome.....

La perception de l'impôt coûte 13 p. 100.....

Plus d'ambassadeurs ; des chargés d'affaires.....

Ce n'est pas avec des fêtes que l'on doit espérer
montrer la grandeur de la France. On ne fait pas
étalage de la grandeur, et, de plus, c'est dans
le caractère qu'elle se trouve.....

Plus de complication de budgets, à savoir, le
budget ordinaire, qui est toujours en équilibre,
puis le budget extraordinaire, et enfin le budget
supplémentaire et rectificatif. Rien qu'un budget
mais clair, et des économies, des économies!....

On a déjà eu des révolutions pacifiques. Sans
les votes des 5 et les élections de 1863, le gouvernement nous aurait-il rendu quelques-unes de nos
libertés ?

Si l'on continue, il continuera, et toujours
ainsi. Cette fois, par exemple, que les campagnes
votent comme les villes, on leur rendra le droit
de nommer leurs maires et la publicité des séances
des conseils municipaux.

On arrivera à tout par le suffrage universel ; on
s'habituera doucement à l'exercice de toutes les
libertés.....

Morale. Qu'il y ait ou qu'il n'y ait pas de Dieu
ni de vie future, nous devons nous soumettre aux

lois de la morale. On est vertueux pour être vertueux. Cette raison suffit. Par cela seul que la notion de vertu est une belle et grande conception, elle est obligatoire. La morale existe malgré tout, en dépit de tous les systèmes. (1er point.)

Lors même que nous ne serions que matière, la vertu, le devoir, la loi morale consisteraient à nous élever au-dessus de la matière. Nous ne serions que matière, la matière n'en serait pas moins ce qu'elle est, vile. (2me point.) De là découle tout le reste. Famille : indissolubilité et éternité du mariage.

Morale sociale, etc.: charité et bons exemples.

Religion. En quoi consiste la Religion? Relations de l'homme et de Dieu. Dieu protége l'homme et les peuples. L'homme aime et imite Dieu. Dieu se fait connaître aux hommes. Il les a initiés à la vérité et conduits de bien des manières.

Philosophie. L'homme peut-il par lui-même connaître la vérité? L'esprit seul arrive-t-il à une certitude? Non, mais corrigé par le bon sens, le consentement général et le sentiment, il ne peut douter (tout en restant incapable d'obtenir une démonstration mathématique) que Dieu existe;

qu'il ait créé le monde, que l'homme soit double, que l'âme soit une, spirituelle et immortelle, qu'elle conserve toujours le souvenir de ses actes et, par conséquent, qu'elle en subisse les conséquences.

Politique. On sait quelle est la meilleure forme de gouvernement, mais on ignore les moyens d'assurer sa durée. Faut-il subordonner l'exécutif au législatif? faut-il faire un contre-poids à l'Assemblée avec le peuple lui-même appelé souvent à se prononcer? Comment arriver à la meilleure forme? La persuasion, la douceur, le progrès pacifique ne l'emportent-ils pas sur les moyens violents? Faut-il négliger les institutions politiques pour les institutions sociales? Non, pas plus qu'il ne faut négliger l'âme pour le corps. Les institutions politiques amèneront les autres. La société peut-elle se désintéresser de la morale et de la religion? N'est-il pas préférable que l'on fasse deux recueils, clairs mais solides, l'un consacré à la morale et l'autre à Dieu, et que chaque dimanche, en chaque commune, le maire en donne lecture en grande solennité? Ceci n'entraverait pas les cultes, qui seraient toujours et tous libres.

Les citoyens des divers États doivent-ils ne plus

voir en eux que des frères et non des gens de telle
ou telle nationalité, ou faut-il seulement élargir
les nationalités?.....

Il n'y a que trois moyens de sortir des embar-
ras diplomatiques : on peut nommer une assemblée européenne pour régler toutes les contes-
tations et faire taire les rivalités de races et de
religions. On peut en appeler au temps et à la douceur, compter sur l'instruction pour modifier les
relations des peuples entre eux. On créerait des
colléges de chaque nation ; on y recevrait gratuitement des hommes de vingt à vingt-cinq ans.
Une fois instruits, on les rendrait à leurs pays.
En même temps on traduirait et l'on répandrait à
profusion les œuvres de nos meilleurs auteurs.

Enfin il serait bon de prendre pour règle inva-
riable de la politique française la non-intervention. On licencierait l'armée. On conserverait
néanmoins un comité chargé d'expérimenter les
perfectionnements apportés aux armes, afin qu'on
pût les adopter immédiatement en cas de besoin. On ne soutiendrait personne à l'étranger.
Par exemple, l'on se lèverait en masse pour la
moindre offense, le moindre tort fait à un citoyen
français. Ainsi les frais de la diplomatie seraient

bien diminués; elle n'aurait plus à surveiller les cours ni à suivre les événements. Les citoyens français seraient comme les anciens citoyens romains.....

Les peuples qui voudront s'annexer à la France ne seront pas repoussés, mais ils conserveront leur administration et leur autonomie, et ils ne seront unis à la France qu'à titre de confédérés. Ils rencontreront la même protection que les citoyens français, et les chargés d'affaires de la France deviendront les leurs.....

Il n'y a plus de races à présent; la Suisse en est la preuve. Dès que l'on fait une confédération libre, le progrès, l'instruction et la dignité civique la cimentent. Il faut maintenant jeter partout un voile sur le passé, et en même temps que l'oppression cesse et qu'il n'y ait plus que des égaux. Regret des uns de leurs anciennes oppressions, hommages à leurs victimes; pardon des autres. Confédérations partielles pour arriver à la grande confédération européenne. Confédération du Danube; les Turcs, les Grecs, les Roumains, les Serbes; égalité absolue. Le Danemark, la Norvége, la Suède, la Hollande confédérés.....

Adorer Dieu en esprit et en vérité, ainsi que le

dit l'Évangile : cela veut dire se rapprocher de Dieu en l'imitant ou vivre de la vie des esprits. Le Dieu véritable demande aux hommes de la vertu. Il est bon aussi d'avoir foi en lui.....

Les gouvernements tiennent tout autant que les individus à être estimés. Ils ne peuvent vivre sous le mépris public, même tacite. Il n'est pas besoin de leur faire de la résistance, il suffit que leurs paroles n'éveillent aucun écho, que toutes leurs protestations n'en imposent à personne, que le silence et la solitude se fassent autour d'eux, qu'on leur donne tout ce qu'ils veulent, mais qu'il soit évident qu'ils n'ont aucune prise sur les âmes, que toutes les rejettent, enfin qu'ils soient dans l'isolement absolu, pour que la tête leur tourne, qu'ils renversent eux-mêmes toutes les barrières édifiées avec tant de soins, et qu'ils se prosternent en disant : Faites de nous ce que vous voudrez.

Oui, la véritable force est dans la persuasion appuyée sur le consentement de tout un pays, son unanimité à repousser ce qui est mauvais et sa force d'inertie.....

Mettre l'Algérie proprement dite sous le pouvoir civil. Plus loin, dans le désert, laisser des troupes algériennes et envoyer les condamnés aux galères.....

Les maisons de commerce et les ménages sont compromis par les emprunts, les vieilles dettes et les grandes dépenses. Il en est de même des nations. Il ne faut donc plus que notre pays emprunte ; il faut qu'il dépense peu et qu'il paye ses dettes. Il est possible de réaliser sur le budget annuel une économie de 500 millions. Suppression des gros traitements, des ambassadeurs, du budget de la guerre, de la marine militaire et des colonies. Les colonies seront des départements, ou vendues aux colons ou à d'autres pour amortir la dette, ou confédérées à la France. Plus de cet état qui les ruine et ne nous sert à rien. En tout cas, restera citoyen français et sera protégé comme tel quiconque le voudra.....

Il y a un budget des cultes, mais à part ; facultatif pour les contribuables, non pour le chiffre fixé par l'État. Si on le supprimait, il faudrait, tout au moins, que ça ne fût que pour les futurs prêtres. Ceux qui le sont recevraient leur traitement jusqu'à leur mort.....

L'enseignement secondaire spécial est joint à l'enseignement primaire actuel dans les attri-

butions de l'instituteur primaire. Ces deux enseignements n'en forment plus qu'un qui est obligatoire et gratuit. L'instituteur ne pourra être
employé ni à l'église ni à la mairie. Il ne recevra
pas moins de 4,000 francs. L'enseignement supérieur est libre. L'enseignement de l'État est
gratuit à tous les degrés. Les grades sont conférés
par l'État.....

Plus de brevet d'imprimeur. — La librairie libre. — Plus de cautionnement. — Plus de timbre. — Vente toujours indiscutée sur la voie publique. — Dimension du format des journaux
illimitée. — La suppression des armées perma-
nentes. — Grande diminution des dépenses. —
Suppression de toutes les mesures légales et fis-
cales qui gênent l'activité en France. — Nomination des maires par le suffrage universel. —
Division de Paris en cent communes, nommant
chacune son conseil municipal et son maire. Les
impôts sont votés par les conseils élus qui fixent
aussi et surveillent les dépenses.

Le libre-échange est juste. Les coupables des
souffrances de l'industrie sont les impôts, le
manque de liberté commerciale à l'intérieur, les
taxes municipales et gouvernementales sur la pro·

duction, les taxes, sur les matières premières, les octrois, l'accroissement de la dette, qui mène aux emprunts et à la cherté de tous les objets de consommation, les capitaux et les hommes confisqués par les ministères de la guerre et de la marine, au détriment de la production.....

Le véritable socialisme, c'est de réaliser la réconciliation des pauvres et des riches. Les réformes politiques y suffiront.

L'Algérie divisée en communes et départements. — Liberté illimitée de la pensée. — Le jury et le droit commun pour les délits de presse. — Publicité des débats. — Suppression du budget de la guerre. — Abolition des contributions indirectes et des octrois. — Les boissons et liquides, les combustibles, les fourrages, les comestibles, les matériaux, les cinq classes d'objets de consommation imposés sont libres de tout droit.....

M. Henri Merlin, dans son ouvrage, *Progression comparée des budgets de l'État sous le second empire*, dit que **9** milliards **310** millions ont été dépensés, en quatorze ans, pour la guerre et la marine, et que, dans le même espace de temps, **325** millions seulement ont été dépensés pour l'instruction publique.....

M. de Rothschild avait à peu près 50,000 franc
à dépenser par heure.....

Nul n'est gêné pour s'enrichir, mais les charg es
sociales portent sur la fortune ; nul n'est gêné pour
s'enrichir, mais les dépenses occasionnées par le
droit au travail sont prélevées chaque année sur
les successions ouvertes dans l'année. Ces deux
mesures empêchent la trop grande inégalité des
fortunes, qui est un danger pour la société. Elles
font que l'ouvrier vit de son travail, et en vit
comme il convient à un homme libre. On ne prend
rien, absolument rien sur les héritages moindres
de 50,000 francs.....

Élever le niveau intellectuel de la France en
joignant l'enseignement secondaire spécial à l'enseignement primaire. — L'équilibre des finances
par la suppression des dépenses improductives et
du budget de la guerre. — L'impôt avec le moins
de frais de perception possible. — Suppression
du tirage au sort et de la conscription. — Substi-
tution des milices nationales aux armées perma-
nentes. — Suppression de l'impôt des patentes.
— Droit de réunion et d'association. — Simplification des procédures. — Simplification de l'administration. — Suppression des traitements, des

dotations, etc. Avec cette remarque que l'on ne touche aux abus existants qu'à la mort de ceux qui en profitent. On se contente, mais cela d'une manière inflexible, de ne pas en créer d'autres. On refait doucement la société, sans déranger qui que ce soit de ceux qui profitent des choses les plus iniques.....

Plus de candidatures officielles. Plus de serment.....

Le phalanstère, etc., etc., c'est l'état de nature, mais l'état de nature animale. Or, on doit s'efforcer de se retirer de la bestialité et de se créer personne humaine, personne morale, personne libre. Il faut être bon pour les autres, sans doute, mais il faut aussi se séparer d'eux, être distinct, à part.

On est un monde à soi-même. On se possède et l'on possède.

Ce que l'on doit vouloir, en fait de réformes sociales, c'est que tous possèdent.....

L'instituteur doit être né et s'être marié dans la commune dont il a les enfants. — Émancipation des communes et des départements. — Nomination du président du Corps législatif par les députés. — Suppression de l'article 75 de la constitu-

tion de l'an viii ; responsabi'ité étendue à toute
fonction publique sans exception.....

Robespierre voulait que tous les hommes
fussent à l'abri de la misère, et libres et vertueux.....

Il y a des réformateurs qui veulent, dans l'ordre moral, des choses inférieures à ce qui existe.
Lorsque l'on prétend renverser ce qui existe, il
est indispensable que ça ne soit que pour mettre
quelque chose de mieux. Il faut remplacer l'inférieur par le supérieur. Eux ne font pas ainsi. Il
est vrai qu'ils se couvrent d'une autorité vénérée
et imposante, la science ! mais leur science n'est
qu'un mot. Une vie qui se résume dans des spas-
mes pour remplacer les sentiments ne peut se
prévaloir de la science. C'est tout simplement une
déchéance. C'est descendre vers les chats et tous
les animaux. Ceux-ci, en effet, réalisent ces théories. Ils passent sur terre en ne faisant que cela,
car ils ne peuvent faire autre chose. Il est curieux
de descendre ainsi et de croire monter et de se
réclamer à grands cris du progrès. Avec ces systèmes on a l'avantage de suivre tous ses bas instincts et de trouver là le moyen de se prendre
pour un esprit supérieur. C'est tout bénéfice : en

même temps que la lubricité s'épanouit, la vanité est satisfaite.

Il est clair, toutefois, que nous ne voulons pas dire que les adversaires de ces systèmes vaillent mieux, ni surtout que leurs créateurs soient méprisables. Il est fâcheux qu'ils arrivent à de telles conclusions, mais ils n'en profitent pas. Ils vont jusqu'au bout de leurs théories. Ils sont attristés, nous en sommes sûr, que l'on n'aime en leurs systèmes que ce qui ne leur avait guère plu que comme une audace. Le malheur est que, derrière eux, le gros du troupeau ne s'intéresse qu'à cela.....

La situation financière est facile à exposer. On comble chaque année le déficit des budgets avec la dette flottante, puis de temps en temps un emprunt vient diminuer la dette flottante et aider à payer les 365 millions de rentes. Ces emprunts aident sur le moment, mais ils en nécessitent de nouveaux, parce qu'ils augmentent le chiffre des rentes. S'ils n'étaient pas couverts, il faudrait (chose difficile autant que malheureuse) augmenter encore les impôts et diminuer, par conséquent, la valeur des propriétés; les impôts mal payés amèneraient la ruine des rentiers.....

Le devoir d'un député est très-facile à remplir
maintenant. La lumière est faite; il n'est guère
plus besoin de discours. Le gouvernement sait
bien que vous avez raison, mais il ne veut pas en
convenir; il n'y a donc pas à le convaincre. Et,
de même au dehors, ceux qui ne parlent pas
comme vous sont ceux qui suivent plus leur intérêt ou la routine que leur conscience. Il faut
donc réclamer en peu de mots ce que l'on veut et
refuser par un vote silencieux ce que l'on désap-
prouve. Votez contre les budgets et contre le budget d'ensemble, votez contre le contingent. Pro-
posez des amendements *financiers* qui supposent
l'existence de ce que vous voulez et qui, s'ils
étaient adoptés, l'amèneraient. Le temps de la dé-
cision, de la vigilance qu'aucune concession de
détail n'endort est venu. Que votre fermeté calme
et votre attitude impassible disent aux gouvernements : Réformez-vous, encore, toujours. Cette
inflexibilité simple, persévérante, immuable, est
le plus impérieux des discours. Plus de phra-
ses!.....

4 1/2 pour 100 à la Caisse d'épargne......

Lois qui favorisent le mouvement coopératif
dans ses diverses formes; groupes à 2 sous,

groupes solidaires, sociétés de crédit mutuel, sociétés de production, sociétés de consommation. « On s'associe pour acheter en commun comme le détaillant, pour produire sans patrons, pour s'emprunter réciproquement sans avoir rerecours au banquier. » Les banques populaires d'Allemagne sont formées par cinquante habitants de la même commune qui, au moyen de cotisations mensuelles, réunissent un fonds social. On prête à l'emprunteur ce que l'on a reçu de lui, plus une somme égale prise sur l'apport des autres.

Loi qui mette le code civil en harmonie avec le code de commerce; vous achetez à soixante ou quatre-vingt-dix jours, vous n'êtes payé qu'après six mois ou un an. — Sociétés de secours mutuels contre le chômage ou la maladie. — Caisse des retraites pour la vieillesse. — Assurances contre la mort. — Lois qui favorisent toutes les institutions qui mettront l'ouvrier en mesure de traiter sur un pied d'égalité avec le patron. Pour cela il faut qu'il soit sûr de ne pas mourir de faim demain, s'il n'accepte point les conditions qu'on lui fait. — Ministère du progrès. — Droit à la justice; gratuité absolue de la justice. — Tout

citoyen doit personnellement deux ans (ou un an)
de service militaire dans ses foyers mêmes. — La
hiérarchie maintenue à l'exception des grosses
places. — Honorer l'agriculture. — Plus d'hommes sans pain. — Que le travail nourrisse
l'homme. — Que celui qui n'a pas ne soit point
l'esclave de celui qui a. — Répandre la moralité
par l'instruction, car très-souvent ceux qui n'ont
rien le doivent à leurs vices. Des fois la misère a
pour causes les charges ou les maladies. L'instruction est un moyen de moraliser, c'est pour
cela qu'on doit la répandre, en second lieu pour
faciliter le travail professionne', enfin pour habi-
tuer aux plaisirs du goût et aux joies pures de
l'étude.....

ANCIENS BUDGETS.

	RECETTES.	DÉPENSES.
1830.	1,035 956,251	1,095,142,115
1831.	1,310,378 678	1,219,310,975
1832.	1,154,431,488	1,174,350,197
1833.	1,162 821,797	1,134,072,914
1834.	1,042,193,157	1 063 559,443
1835.	1,051,880,927	1,047,207,680
1836.	1,085,631,652	1,065,899,158

	RECETTES.	DÉPENSES.
1837.	1,090,533,833	1.078,902 494
1838.	1,158,834,030	1,135,184,820
1839.	1,203.141.065	1,178.690.702
1840.	1,242 980,600	1,363.711,102
1841.	1,415,779,706	1,425,239,623
1842.	1.334.762,321	1,440.974,148
1843.	1,382,930 516	1.445.205,741
1844,	1.393.135,952	1,428,133,943
1845.	1,400,802,286	1,489,432,099
1846.	1,409,616,597	1,566.525,592
1847.	1,357,343,325	1,664,372.390
1848.	1,487,124,818	1,798,460,879

« Il est des affaires générales qui intéressent tous
les citoyens et dont il faut bien confier la gestion à
un mandataire unique. Ce mandataire, c'est l'État.

Il a des frais de gestion. Il y fait face au
moyen d'impôts perçus sur tous les points de la
France et centralisés à Paris, où est l'administration principale. L'ensemble de ces frais se nomme
budget.

Nous avons tous besoin d'un fonds de roulement pour le courant de notre maison et de nos
affaires; ainsi de l'État.

5.

Ce fonds se nomme dette flottante. L'Etat forme la dette flottante avec l'argent qu'on lui dépose ou qu'on lui prête sur billets nommés bons du Trésor.

Celui qui dans la vie privée exagère son fonds de roulement, et ne peut plus le payer avec ses revenus, est contraint de le consolider en empruntant sur hypothèques. Il en sert désormais l'intérêt annuel.

L'État a fait lui-même cette opération plus d'une fois, en empruntant pour éteindre sa dette flottante.

1849, 318 millions seulement de dette flottante, l'on a consolidé la dette en donnant des rentes aux dépositaires des caisses d'épargne. — 1853, 802 millions.

1864. Un milliard 37 millions. On consolide la dette flottante au moyen d'un emprunt de 310 millions. — 1866. Elle descend par suite à 787 millions.

1867, 888 millions. — 1868, 936 millions. »

Nous empruntons ces observations à M Achille Mercier, ainsi que les chiffres suivants.

« Budgets :

1855, 2 milliards et plus de 350 millions.

1863, 2 milliards et plus de 250 millions.

1867, 2 milliards et plus de 300 millions.

1852, 53, 54, 58 et 59 au-dessous de 2 milliards.

Budget des ministères de la guerre et de la marine.

1851, 350 millions.

1855, 1,100 millions.

1859, 1 milliard.

Dotations :

Fin de la monarchie de juillet : 14,819,271.

1849, 9 millions.

1868, 48,246,000.

Dette consolidée :

1868, 360 millions, presque un million par jour.

Pendant ses quinze premières années, l'Empire a reçu :

29,798,564,836.

Juillet a reçu pendant ses quinze dernières années :

18,740,335,809. »

Avant de changer une forme de gouvernement, il faut que toutes les institutions essentielles de la forme nouvelle aient été établies depuis quelques années et aient fonctionné presque dans toute leur vérité depuis lors. Le dernier changement se fait ensuite, pour ainsi dire, tout seul et sans secousse ; il n'est pas accompagné de surprise ni suivi de réaction. Avec ce changement, les institutions font un dernier progrès et atteignent leur perfection.....

Le progrès marche sûrement lorsqu'il va par étapes, sans mettre tout en émoi. C'est ainsi que fait la réaction. Ainsi, nous avons eu brumaire, où l'autorité laissait à côté d'elle quelque place à la liberté ; puis 1802, où elle en laissait moins, et enfin 1804, où elle tenait tout, en maintenant néanmoins le mot de république en tête de la constitution. Il faut recommencer cette marche, mais dans le sens inverse.....

Budget des affaires étrangères :

Suppression du traitement des agents (supérieurs) du service extérieur.

Suppression des dépenses variables et des services temporaires.

Budget des finances :

Suppression de plusieurs sections.

Budget de la guerre :

Suppression.

Budget de la marine :

Suppression de plusieurs sections.

Ministère de l'instruction publique :

Augmentation.

Il est bien entendu que tout cela n'est que pour l'avenir à dater du jour de la réforme, et que tous les titulaires, en cessant de remplir leurs fonctions, ne conservent pas moins leur traitement et jusqu'à leur mort...

Abolition des contributions indirectes...

Abolition des douanes...

Produits des douanes en 1868 :

Marchandises diverses.	64 944 000
Sucres coloniaux.	37.736.000
Sucres étrangers.	19,631,000
Droits des douanes à l'exportation.	307,000
Droits de navigation.	316,000
Droits et produits divers de douanes.	1,506,000

Taxe de consommation des sels perçue dans le rayon des douanes.   22,877,000

Extrait de l'Annuaire de l'Économie politique.

Droits sur les boissons.   236,216,000

Taxe de consommation des sels perçue hors du rayon des douanes.   10,236,000

Droit sur les sucres indigènes.   56,583,000

Droits divers et recettes à différents titres.   34,688 000

(*Extrait de l'Annuaire de l'Économie politique et de la statistique...*)

Pour extirper la misère et pour répartir équitablement les richesses :

1° Ne rien demander à l'État et ne rien lui donner, autant que possible. Avoir le moins possible recours à l'État.

2° Sociétés coopératives, institutions diverses de prévoyance et de bienfaisance, travail bien rémunéré, instruction et surtout moralité.

Après la moralité, ce qui contribue le plus à établir la justice sociale, c'est la réforme politique...

Pertes d'hommes et d'argent causées par la guerre de Crimée et par celle d'Italie :

Pertes d'hommes.

Crimée, 784,991.

Italie (1859), 45,000.

Pertes financières :

Crimée, 8 milliards 500 millions.

Italie, 1 milliard 500 millions.

(*D'après M. Leroi-Beaulieu...*)

Sur l'urgence de mettre les stations d'hiver et les villes d'eaux à la portée des malades peu aisés, il n'y a rien à dire. Qui la contesterait? Qui n'a pas assisté à la douloureuse agonie d'ouvriers, encore jeunes, enlevés par la phthisie, parce

qu'ils ne pouvaieut ni fuir l'hiver de Paris ni prendre des eaux sulfureuses ou le bon air de la campagne pendant l'été?

Le problème consiste donc à faire cesser un tel
état de choses. Il sera résolu par ceux qui peuvent
en devenir victimes si, aux jours de santé et de
travail, ils veulent, par prévoyance, disposer
d'une somme d'argent qui leur reviendrait après
quelques années. Il leur suffira de se réunir en
une grande société toujours accessib'e, qui se sub-
divisera en groupes de cent personnes, et d'appor-
ter 2,000 francs en douze payements ou par cotisations falcultatives. Avec deux mille francs ils
auront trois maisons ou, pour parler plus stricte-
ment, trois séjours hors de Paris, un simplement
à la campagne, un aux eaux et un près de Nice.
On peut dire qu'ils l'auront pour rien, puis
qu'après trois ans ils rentreront dans leurs dé-
boursés

Calculons, car, sur de telles choses, rien n'est
aussi convaincant que les chiffres. Chaque établissement tout meublé reviendra à 65,000 francs,
les trois à 195,000 francs. Ça fera donc 2,000 fr.
pour chacun des sociétaires au nombre de cent.

Afin de bien démontrer la possibilité de réaliser

cette promesse de trois maisons pour 2,000 francs, il faut entrer dans les détails. Nous avons puisé auprès de M. Girard-Martin, de Saint-Honoré-les-Bains, ces renseignements professionnels et techniques sur lesquels nous allons nous appuyer.

Pous avoir de la construction à meilleur marché, l'on bâtira tout en rez-de-chaussée; pour la salubrité, l'on élèvera le plancher des chambres au-dessus du niveau du sol, et, en outre, on le posera sur des solives portant elles-mêmes sur 25 centimètres de béton.

Un grand bâtiment de 50 mètres de façade sur 15 de profondeur occupe l'extrémité nord du terrain. Trois bâtiments s'appuient sur la façade méridionale du premier, qui prend, de ce côté, son air et son jour sur deux cours laissées entre les trois bâtiments susdésignés. De ceux-ci, celui du milieu est double en profondeur, il est formé de deux adossés l'un à l'autre. Tous les quatre, ils ont 100 mètres de façade et 5 de profondeur. Ils sont divisés en vingt-cinq chambres de 4 mètres de largeur sur 5 de profondeur.

Chaque chambre a une fenêtre et une porte; les cours ont chacune 15 mètres sur 100. Une allée de 3 mètres fait le tour de l'ensemble. Le premier bâtiment dont nous avons parlé est affecté aux pièces d'un usage commun : salle à manger (du côté du midi), cuisine, office, cellier, hangar, etc. Les quatre autres bâtiments renferment cent grandes chambres séparées. A l'extrémité de chaque cour, il y a un puits et un pavillon. Chacun des trois étab'issements a 6,000 mètres de terrain.

Entrons maintenant dans les évaluations détaillées et circonstanciées, afin de montrer d'une manière indiscutable que ce projet peut être réalisé.

294 mètres cubes de murs, après déduction faite de vingt-cinq fenêtres et de vingt-cinq portes, 250 mètres cubes seulement, à 7 francs le mètre,   1,750 fr.

Encadrement des portes et fenêtres en briques, 88 mètres superficiels, à 3 francs le mètre superficiel,   264 francs.

500 mètres de béton, à 1 franc le mètre superficiel,   500 francs.

Plancher sur solives à 3 francs (quelquefois 2 francs 25) le mètre,   1,500 fr.

Vingt-cinq fenêtres à 18 francs (menuiserie, serrurerie, peinture),   450 fr.

Vingt-cinq portes (simples volets), à 20 francs,
500 fr.

Vitrerie, 5 francs par fenêtre, 125 fr.

Plafonds (lattes et plàtre), 500 mètres, à 50 centimes le mètre. 250 fr.

Murs enduits de plàtre (pour remplacer le papier), 630 mètres, à 15 centimes, 94 fr. 50

Vingt-quatre cloisons en briques placées de champ ; 15 mètres superficiels, chaque cloison à 58 centimes le mètre, 180 fr.

Solives du plafond, 2 solives par mètre, 2 francs la solive, 400 fr.

Charpente pour la couverture, tous les 4 mètres une ferme, vingt-quatre fermes à 50 francs,
1,200 fr.

Faîtage (charpente de haut), 900 fr.

Chevrons, un par 80 centimètres. Prix du chevron en bois blanc, 50 centimes, 125 fr.

Couverture (tuiles Montchanin), 2 francs le mètre, pose comprise, 800 mètres de couverture à 2 francs, 1,600 fr.

Gouttières et tuyaux de descente, 112 mètres à 50 centimes le mètre, 56 fr.

Vingt-cinq marches à 10 francs, 250 fr.

Tout cela donne 10,134 fr. 50.

En changeant le toit, en adoptant le système-appendice, en supprimant une pente, l'on a, il est vrai, une augmentation de 500 francs pour les murs, mais on enlève les fermes et le faîtage, et l'on trouve 8,404 fr. 50 pour chaque bâtiment.

Il y en a quatre, ça fait donc 33,616 fr. sur lesquels il faut retrancher un mur, car les deux bâtiments du centre qui sont dos à dos, ont un mur commun. Il faut donc retrancher 2,310 fr. Cette opération faite, l'on n'a plus que 31,306 fr.

Viennent ensuite les deux pavillons, 2,000 fr.

Les puits, deux puits, 10 mètres de profondeur, 20 francs du mètre, 400 fr.

Le bâtiment du fond, qui contient les pièces communes : salle, cuisine, office, etc. 7,925 fr. 05

Tout cela, augmenté des 31,306 francs, mène au total de 41,631 fr. 05

Avec quelques dépenses imprévues, les frais de plan et de surveillance, on monte, au maximum, à 50,000 fr.

Portez pour l'ameublement, des plus simples comme les maisons, 15,000 fr.

Chaque établissement revient à 65,000 fr.

Les trois établissements coûtent ensemble 195,000 fr.

Chaque associé aura donc ses trois maisons de campagne pour   2,000 fr.

Il s'agit maintenant de prouver qu'il les aura pour rien. Ces établissements seront construits dans des endroits un peu écartés et sur des terrains de mince valeur agricole. Mais par le seul fait de leur présence, les terrains avoisinants gagneront de suite et beaucoup. Tout à l'entour, l'activité se donnera carrière et les maisons se multiplieront. Le désert deviendra un centre animé. La société, prévoyant cette transformation, devra acheter trois fois plus de terrain qu'il ne lui en faut, pour bâtir dessus des petites maisonnettes qu'elle vendra avec un tel bénéfice (par le fait de la plus-value bien juste que son établissement donnera à tout ce qui sera autour), qu'elle rentrera dans toutes ses dépenses, et que chaque associé recouvrera ses 2,000 francs.

Pour faciliter à ses membres le moyen de trouver cette somme, elle peut répondre pour eux, car elle ne les accepte que s'ils présentent de hautes conditions de moralité, de plus les payements se font en trois ans : 700 francs la première année, 700 francs la deuxième et 600 francs la troisième.

La société est toujours ouverte et accessible, mais elle se fractionne par groupes de cent associés. Chaque groupe a les mêmes statuts et reste sous la surveillance de l'ensemble. Il peut aussi, s'il le préfère, se retirer et former une simple société immobilière. Il y a deux sortes d'associés : ceux qui donnent des cotisations facultatives et ceux qui font les versements fixés plus haut. Pour les seconds, dès qu'ils sont au nombre de cent, ils sont organisés en un groupe qui fait bâtir ses établissements, puis en prend la jouissance. Les premiers ne sont constitués en association que lorsqu'ils ont réalisé la somme de 65,000 francs.

Les associés, une fois installés, adoptent pour les dépenses de la vie journalière le système coopératif des ménages sociétaires de Condé-sous-Gesvres. Ils ne vendent rien, ne louent rien et ne nourrissent aucune personne étrangère à la société.

C'est le comité de la société, à Paris, qui fait tous les achats en gros pour les divers établissements et qui les approvisionne de tout.

Pour les frais de voyage, l'on suit le procédé des banques populaires d'Allemagne. On verse

chaque semaine une cotisation; puis, au moment
du départ, celui qui le veut peut retirer le montant
de ses cotisations, plus deux fois autant que l'on
prend sur les fonds des autres.

Les membres peuvent inspecter les livres et les
noms des sociétaires à toute heure.

Pour les mesures graves et coûteuses, les comités
doivent toujours être autorisés par l'ensemble des
sociétaires.

Comme nous l'avons dit, le capital se forme
par des souscriptions volontaires ou par des payements fixes.

Le siége social est à Paris.

Les actes de la géance sont contrôlés par un
conseil de surveillance.

Le montant de chaque action est versé par les
souscripteurs. Il y a deux modes de versement:
1° En douze payements qui se font en trois ans;
2° Par cotisations volontaires. Les actions sont
de deux mille francs. Elles sont extraites d'un
livre à souches qui reste au siége de la société. On
ne remet les titres aux souscripteurs qu'après le
payement total.

Nul ne peut devenir propriétaire d'une action
qu'avec l'agrément provisoire du conseil de sur-

veillance et l'approbation définitive de l'assemblée générale.

Les actions sont nominatives et transmissibles seulement avec le consentement de l'assemblée générale.

La gérance et le conseil de surveillance sont renouvelés chaque année.

La durée de la société est fixée à cinquante ans.

Le capital social est fixé à la somme de deux cent mille francs, divisée en cent actions de deux mille francs pour chaque groupe. Le nombre des groupes est illimité.

Il y a deux assemblées générales chaque année. On ne peut s'y faire représenter.....

La morale est une science et non, comme on le dit des fois, un sentiment. Elle n'a rien de fantaisiste, de soudain ; elle ne dépend pas de la disposition du moment ni des nerfs, elle est immuable comme la vérité. Elle ne dérive pas d'une circonstance qui impressionne, elle part d'un principe qui oblige.

C'est la vertu qui grandit l'homme, rien n'est beau ni bon comme elle ; il faut la rechercher et l'aimer pour elle-même : la pratiquer pour le plaisir qu'on ressent en soi à être vertueux, pour le contentement de soi-même dont on se sent plein, et surtout pour avoir conscience de faire ce qu'on doit et parce qu'on le doit. Lorsqu'on est avancé dans la vie et qu'on a beaucoup souffert, ou reconnaît qu'il faut aussi suivre la loi morale pour plaire à Dieu qui est si indulgent et si bon. Elle consiste dans le silence qu'on impose au corps dans le but de vivre de la vie de l'âme, ce qui revient à développer ses facultés.

La conscience s'éveille; elle fait connaître que l'on a des devoirs, et que dans la vie l'on ne va pas au hasard. L'existence n'est bonne et n'a de la grandeur que par le devoir.

On doit appliquer les idées supérieures que l'on a. Aussi, serait-on convaincu qu'il n'y a pas de Dieu, pas d'âme, que l'on devrait encore être vertueux. Car on a la notion de la vertu, l'on sait qu'il est bien de s'élever au-dessus de la matière. L'on comprend qu'elle est vile, qu'une vie qui lui est radicalement opposée doit donc être estimable, et l'on est tenu, pour se moraliser et se perfectionner, de conformer sa vie à cette vue supérieure et de lui donner de la réalité. On doit aimer la vertu pour elle-même, être vertueux pour être vertueux.

Il faut que l'intelligence soit convaincue et le cœur touché par la sublimité de la vertu. C'est la vertu qu'il faut aimer. Avec elle point d'alarmes, point de souci, point de trouble, point de regrets.

Les liens rehaussent et sauvent l'âme en la préservant des écarts ; on doit les bénir. Les dépasser n'est pas une élévation ; ça ne montre pas que l'on peut voler haut, ça prouve seulement que l'on est faible et incapable de marcher droit.

L'obligation morale n'est pas une servitude, c'est une gloire ; quiconque s'en affranchit fait un pas vers la dégradation, et non point un acte de liberté. L'obéissance au bien n'est plus l'obéissance, c'est le triomphe.

FIN.

www.ingramcontent.com/pod-product-compliance
Ingram Content Group UK Ltd.
Pitfield, Milton Keynes, MK11 3LW, UK
UKHW020020100726
13658UKWH00002B/997